SV

Thomas Rosenlöcher

ICH SITZE IN SACHSEN UND SCHAU IN DEN SCHNEE

77 Gedichte

Suhrkamp

Satz: Jung Satzcentrum, Lahnau
Druck: Nomos Verlagsgesellschaft, Baden-Baden
Printed in Germany
Erste Auflage 1998
ISBN 3-518-40991-3

2 3 4 5 6 7 – 10 09 08 07 06 05

Ich sitze in Sachsen und schau in den Schnee

I.

Auch einst vom Wortkohl der Weisheit zu fressen

Der Garten

Im Garten sitze ich, am runden Tisch,
und hab den Ellenbogen aufgestützt,
daß er, wie eines Zirkels Spitze,
den Mittelpunkt der Welt markiert.
Ein Baum umgibt mich mit vielfachem Grün,
und langsam steigt das blütenreiche Meer
des frühen Jahrs. Die Vögel brülln wie irr.
Über mich hin spazieren schöne Schatten,
und Blütenblätter fallen auf den Tisch
und schmelzen, Schnee! Die Äste triefen schwarz,
und von der Straße her kommt ein Geräusch,
das war mein Leben. Plötzlich bin ich Luft
und sitz noch hier und rede zu dem Baum,
ob er er nicht doch die Länder wechseln könne,
sein unerhörtes Blühen aufzuführen,
wo einer noch mit seinem Ellenbogen
den Mittelpunkt der Welt markiert.

Friedrichsgrund

Der Wald war grün. Ein helles Blätterdach
aus Buchen, darin Finken emsig schlugen
herab zum Grund. Hier ging ich, steten Fußes,
und mir entgegen sprang wie ehedem
ein Bächlein über Stock und Stein.
Schon glaubte ich, durchs Erlenlaubgesprenkel
die Mühle blinken sehn zu dürfen, hörte
im Mühlengraben noch das Mühlenrad,
das längst zerfiel, sich klopfend drehen, als
den Weg entlang langsam mein Vater kam,
zwölf Jahre tot. Er sah starr gradeaus,
das Haar wie früher schütter, doch ganz weiß,
und ging vorbei und sah mich nicht mal an,
weil ich vergaß und nie zu denken wage,
wie er daliegt, zerfallen, in der Erde,
in seinem Hemd aus Nylon und dem Schlips.
So schritt ich eilig über eine Brücke
aus Stein, den Bach, der nun nicht mehr zur Rechten,
sondern zur Linken rauschte, überquerend,
und hohe Buchen stiegen feierlich
hangab und stockten, denn auf einer Bank
saß da ein Mann. Rittlings auf ihm die Frau,
in der Art, daß ihr Kleid den Schoß verdeckte,
in dem er stak. Sie rührten sich beträchtlich,
und stärker schlugen ringsumher die Finken
winzige Löcher durch das Blätterdach.
Die beiden aber wandten ihre Köpfe
und sahn mich an. Ich raste hoch den Hang,
hinab, durch Dickicht, keuchend, drehte mich
nicht um – sie wandten mir die Köpfe zu.

Dreißigstes Jahr

Da kommt ein Mensch im Schmuck der langen Haare
und führt sein Lächeln, das berühmte, mit,
Fontänen springen auf vor seinem Schritt,
der Asphalt schwingt – er hat noch viele Jahre.

So weit so gut. Doch über ihm, zur Linken,
klirrt was, die Zeit. Er schüttelt seine Locken
und schwenkt den Arm, denn ein geheimes Stocken
befällt den Fuß. Ein unmerkliches Hinken

geht mit ihm mit. – Sieh an, der kommt nicht weit,
denk ich, da ich ihm lässig winke
und so vergessend, daß ich selber hinke,

auf ihn zugeh mit großer Leichtigkeit,
als ließ ich hinter mir den, der ich bin,
und bin doch er. Hinkfüßig geh ich hin.

Ich bin der Hase mit den langen Ohren

He wie ich hetz meine Läufe trommeln die Erde
Wo anzukommen und wo ich ankomm
Sitzen im Klee schon die Igel und rufen Wir sind allhier
Daß ich Haken auf Haken schlag purzelbäumlings hangabschieß
Daß mein Herz tickt Daß sich meine Augen
Nicht zu verlieren die ferne Linie des Horizonts
Fast aus den Höhlen verlieren bei diesem Lauf hangauf jetzt
Niemals will ich (ich keuch) mich in den Acker legen
Wie mein Vorfahr bei Grimms (ich taumle von Furche zu Furche)
Bin nur ein Kopf von der mittleren Art aber mit Ehrgeiz gerüstet
Mit langen Ohren bestückt Wie fliegen die trefflichen Löffel
Da ich so wetz mich abäschre hoffend
Auch einst vom Wortkohl der Weisheit zu fressen.

Übung

Und als wir die Höhe erreicht hatten, sah ich
die lustigen Leutnants Granaten aus Pappe
werfen das pfiff und das qualmte ich kroch
eins zwei und schoß selbst schon mehrmals erschossen
vom möglichen Gegner und rannte im Takt
schlugs Kochgeschirr rasselnd ich sprang: für den Frieden
war das, der finstere Hauptmann sprachs, stand
oben am Graben, ich drin, ach, sein Bauch
wölbte sich über mich hin, sein Schatten
fiel auf mich nieder, doch durch seine Beine,
die sich bestiefelt ins Erdreich einstemmten,
öffnete sich mir die Landschaft und ging
als ein Choral ohne Ende einher
mit Feldern und stieg mit der dunkleren Stimme
des Waldes darüber die Wolken, leicht, Licht
drehte sich, schräg, in gebündelten Strahlen,
fern lag ein Dorf, ich sah winziges Vieh.

An die Seife

Seife, dich an mich verschwendend schwindest du an mir.
Verschwistert
sind meine Poren dem Schweiß täglicher Feigheit. Ich rieche.
Neu wirst du mich nie gebären, Schäumende, aus deinem Schaum
tritt nur der alte und trällert, ja, ja, die Gedanken sind frei.

Spaziergang

Der Himmel aber sah dem Himmel ähnlich,
den ich noch immer in mir trug
und war mit Wolken reich bebildert,
schwerer Barock. So zog ich auf ihn los.

Die grünen Hügel standen mir zur Seite,
ein Rudel Felder folgte meinem Fuß,
am Horizont sah ich ein Lichtgewitter
und kehrte um. Wer hält den Himmel aus.

Der Bach

Im tiefen Grund, den Bäume schweigend füllten,
ging noch ein Bach und kämmte grünes Moos
und kollerte den Weg entlang hinunter
mit frohem Hüpfen, quirlte Lichtgeglitzer,
das irgendwie durchs Laub gedrungen war,
bald hier, bald da, in mannigfachem Wirbel
ins wunderhelle, kühle Wasser ein.
Dann sprang er eilig unter eine Brücke,
auf der ich stand. Und immer runterspuckte
und gerne lebte vor vielhundert Jahren,
jedoch wozu. Was wäre da zu tun
gewesen, Bach, und was denn heute?
So dachte ich, das Wasser kam, floß fort.
Und immerzu das Rauschen und die Steine,
die Steine und das Rauschen; goldnes Blech,
drin wohl Sardinen wohnten, lag und glänzte
an flacher Stelle. Ach, die Spucke kehrte,
ein kleiner Schaum, im Brückenbogen wieder.

Gartenarbeit

Dem Birnbaum Mut zureden.
Gras wachsen lassen, wo es wächst.

Die Verlängerung

Ich lag in meinem Garten in Kleinzschachwitz
in einem Grün von niegesehnem Ausmaß
und sah, nachdenkend über die Belange
der unerhörten Rose und des Staats,
hoch über mir den großen Tröster Himmel,
als ich, kam das vom heftigen Nachdenken,
ein sanftes Ziehn in meinen Beinen spürte.
Ich wachse noch, sprach ich und freute mich.
Jedoch die Füße lagen schon am Zaun,
vor dem sie einen Augenblick verharrten,
eh sie losfuhrn. O rasende Zellteilung
an Häusern aufwärts, abwärts, über Dächer.
Wo sie hinkamen, stockte der Verkehr,
die Reichsbahn tobte, Menschen stauten sich,
bestaunten dieses langgestreckte Wunder
und übten sich daran im Balancieren.
Doch längst war es, die Sparte frohe Zukunft
durchfurchend, aus der Stadt hinausgeglitten,
schlief sanft in Wäldern, rauschte durch Kornfelder
ins Läuten stiller Mittagsdörfer ein,
und frohen Mutes fuhr ein Vögelein
auf einer Zehe mit, tandaradei,
doch hinterher, einsam, die Polizei
mit ernstem Blick quer durch den Staub der Äcker
in eines Sees noch unerforschte Tiefen,
wo sie verschwand. Der Staat war in Gefahr.
Denn meines Leibes Doppelröhre nahm,
kaum, daß sie aufgetaucht war aus den Fluten,
Kurs auf die Hauptstadt. Die Regierung tagte,
kein Wort kommt in die Zeitung, Helikopter
erhoben sich, der Lage Herr zu werden,
die Straßen füllten sich mit Dynamit.

Doch eh man meine weitgereisten Füße
absprengte, knapp vorm Brandenburger Tor,
geschahs, daß sie von selber stillestanden,
da ich in meinem Garten in Kleinzschachwitz,
in jenem Grün von niegesehnem Ausmaß,
wo ich nachdachte über die Belange
der unerhörten Rose und des Staats,
in Anbetracht des großen Trösters Himmel
den Finger an die Nasenspitze legte
und bei mir sprach: Man muß bescheiden sein.

II.

Dann kamen noch einige Herrn

Gleich einer Rose wirbeln tausend Leiber
und stehen starr. Ein prangendes Emblem.
Beethoven fällt vom Himmel. Die Kollegen
auf der Tribüne freun sich wie die Kinder
und schwenken bunte Fähnchen aus Papier.

Landschaft

Häuser, grau wie die Vorzeit,
gegen den Kühlturm geduckt,
der, von Schloten, astlosen Wäldern,
umgeben, seinen Himmel bedeckt
mit Wolkendunst. Am Bahndamm geht
der ewige Mann mit der Aktentasche.

Dädalus

Am Feldrain stand ich und sah auf zur Sonne,
die brannte lichterloh. Der Acker dörrte.
Das Kornfeld strähnten klirrende Akkorde
und alt war diese Erde, alt,
wer kann das noch ermessen, dachte ich
und harrte aus. Denn in der Zeitung stand,
daß Dädalus vorüberflöge
hoch über diesem Ort.
Ein dunkler Punkt wuchs in der Ferne
allmählich an. Längs einer Ackerfurche
schleppte sich wer. Umging die Maulwurfshügel
und klapperte zum Gruß mit seinen Flügeln
dermaßen hölzern, daß die Lerchen
aufstoben, eine Wolke
vorm Mittagsstern, die sang, bis sie sich legte.
Doch jenem Menschen troff der Schweiß
vom kahlen Haupt. Ich heiße Dädalus
und fliege, wie Sie sehn, trotz dieser Hitze,
sprach er, und über uns geschah
ein kleines Schwirrn von etwas Silbernem,
das einem Schwarm fliegender Fische ähnelte.
Dädalus aber hob kaum seine Braue
und lächelte: Die kleinen Ikarusse,
wer hoch fliegt, fällt tief. Feindlich ist die Luft.
Doch ich muß weiter, meine Flügel drücken,
nicht weit von hier will ich ein wenig ruhn,
den Fluß an mir vorübertragen lassen
und Bäume, Kühe, Menschen nach Bedarf.
Sprach er und ging von dannen, war
noch Stunden später sichtbar in der Ferne,
ein dunkler Punkt. Ich hob die Augen auf.
Verdichtet hatte sich das Blau des Himmels.

Der Organist

Bei seinem Herrgott, den er einst mit Flöten,
achtfüßig links Posaunen im Pedal,
gerufen hat, die Erde zu vergessen,
geht er nun ein und aus, der Organist,
und steigt doch gern bei gutem Erdenwetter
ins Tal hinab zur großen Wolkenorgel.
12 Manuale. Dampfende Mechanik.
Die Tastatur zu schlagen mit der Faust.
Da gehn die Töne auf in hohem Bogen,
Licht gegen Licht, verdichten sich zur Fuge
und fahren, schönes Sausen, übers Land.
Indes von rechts nach links ein Düsenjäger
stumpfnasig seinen langgezogenen Schweif
aus Explosionen schleppt. Die Stimmen splittern.
Und weiße Trümmer wandern langsam hin,
gefolgt von einem Vakuum aus Stille,
durch das der Organist schrägaufwärts flieht,
bei seinem Herrgott aus und ein zu gehen,
doch Türen werfend, daß der Himmel zittert.

Angedunkelte Romanze

O Erleuchtung! In die Straßen,
die von klugen Leuten wimmeln,
fällt das Licht, strömt auf Terrassen
und Rabatten, wo die blauen
Blumen angetreten sind.
Kostbar macht es die Fontänen,
glänzend rauschen fallen steigen,
und wie nie seh ich die Stadt
in des Tages Schönheit dampfen.

Kräne putzen sich die Zähne.

Eine Frau in Pferdehüften
bricht besinnungslos zusammen,
da ein riesenhafter Schatten
auf dem Platz des Fortschritts liegt.

Viele Füße laufen hin.

Dreißig Männer, die grün aussehn,
knien auf dem Asphalt, um jenen
Schatten aus-(hauruck!)zuheben –
stoßen sich die Finger wund,
daß das Haar des Rats der Stadt,
der für alle denkt, ergraut,
denn die Stadt ist ohnehin
schwer bedroht unter den Städten.

Doch noch schmettert rings das Licht
mit Fanfaren um die Wette,
da die Plätze sich mit Nasen
in der Reihe ausgerichtet
und mit Fahnen dicht besetzen.

Rednerpulte treten vor.
Schwingen häuptlings die Membranen
gegen dunkle Existenzen,
die nicht existent und strengstens
untersagt sind. – Informanten
melden sprachlos ein Gelächter,
das sich plötzlich auf ein Fahrrad
schwang und klingelnd in des Himmels
unerhörte Bläue floh.

Eisenbagger mit den Eisen-
füßen, -hirnen und -gelenken
und mit wenig Gummimuffen,
reißen eisern, rappeln, ratzen,
jenen Schatten abzugraben,
der vor ihren Mäulern, ach!
finster auf dem Asphalt liegt,
und das Haar des Rats der Stadt,
der für alle denkt, wird schlohweiß,
denn die Stadt ist ohnehin
schwer bedroht unter den Städten.

Leise breitet sich der Schatten
aus und löst des Tages Licht
unnachgiebig in sich auf,
fällt auf Dächer, meterhoch,
klaftertief in Schluchten, glänzt
anthrazit auf dem Asphalt,
hüllt sogar den Rat der Stadt
gütig ein in Dunkelheiten,
daß er, tief wie die Fontänen
in den Rohren schlafen, einschläft.

Mittlerweile tanzen sieben
weiße Monde durch die Nacht
wirbeln schwarze Rosen Schatten

schwanken wie die Wälder schwankten,
wenn das Reich der Freiheit donnernd
durch die Luft gefahren käme.

Karl Marx

Obwohl die astronomischen Ämter
behaupten, er säße, von Monden umkreist,
über den Niederungen der Zeit
und trüge auf seiner Stirn den Namen
des größten Planeten, der vorrätig sei –
wohnt er noch unter uns,
als eine Vereinigung
der Namen Müller und Meier,
und wird Staat machen in wechselnder Hose,
denn jener, der jährlich niedersteigt
und einen Hagel von Naschwerk über uns kommen läßt,
bedient sich leider vergebens
seines wehenden Bartes.

Die Ausgießung

Wir hatten die ganze Nacht arbeiten müssen
und tranken mit mürrischem Schweigen.
Und hoben, als einer der unsern
über dem Kopf sein Bier in aufrechter Haltung ausgoß,
kaum unsere Brauen, so müde warn wir.
Doch als er uns gleichfalls mit Bieren bedeckte,
sprangen wir auf und begossen einander,
als wären häuptlings die brausenden Flüsse
der alten Welt auferstanden,
und gingen, ein Schäumen erfüllte die Bärte,
umher, ihrer zwölfe, und sprachen
mit siebenundneunzig Zungen,
daß viele erkannten, wes Geistes wir waren
und froh sich begießen ließen. An dem Tag dreitausend Mann.

An die Klopapierrolle

Da dir Gesang nicht gegeben und deine bedeutende Rolle
häufig verschwiegen wird, sing ich, Bescheidne, dich nun.
Täglich wird an dir gerissen, stückweise spült dich, und rauschend,
zu den Schatten hinab Acheron unter die Stadt.
Aber die Stunden des Menschen, der dich erdacht hat,
Hygienische,
rollen wie du dich, sich ab; siehe, er krallt seine Hand
dir ins Papier, als gälte es, eine Schlacht zu gewinnen
in dieser Stellung! Und blickt finsteren Auges dich an,
hat auf den Lippen kein Liedlein, ist mit Elise zerstritten –
Trost wird ihm niemals, doch du reinigst, ich singe dich, ihn.

Der Aufsteigende

Einiges ist mir versprochen. Ich steige von Sprosse zu Sprosse,
schwing mich ins Laubwerk, die Äste peitschen mich höher,
mein Fuß
tritt mich voran, ach, zu Berge steht mir das Haar, und ich falle
abwärts, fang mich, verzehre hastig mein Frühstück und steige
weiter, ein deutliches Jucken befällt meine Schulterblätter,
aus ihnen bricht erster Flaum, ja, endlich wachsen mir Flügel,
daß ich zu neueren Himmeln aufsteig, ins jubelnde Licht,
dereinst, doch jetzt heißt es hangeln, behender, an dünneren Ästen;
funkelnde Monde und Fische treiben an mir vorüber.

Die Entleerung

Das kann ich auch. Ich sprachs und ging hinab,
tipp tapp, zum See. Da lag der Himmel flach
und Stille in ihm bis in tiefste Tiefen,
leicht an den Rand der Schönheit hingelehnt,
umringt von Erlen, staunend, ein Geflüster,
das mich wohl streifte, doch ich war der Mensch
und lag im Schlamm, die Grütze aufzuschlabbern,
indes die Schar der Schwäne knatternd floh,
und wurde Maul und Orkus dem Gewässer,
von Schluck zu Schluck, im Strudel meines Durstes
die Kehle abwärts, Niagara-Fall;
und zuckend glitt, mein Röcheln Wasserblasen,
das schwere Volk der Karpfen in mich ein,
um mich in mir vorwurfsvoll zu betrachten,
Pneus Kinderwagen Büchsen Flaschen Büchsen
rasselten ab. Zuletzt ein Drahtverhau,
der sich in meinem Darmgeschling verhakte,
daß Tränen Lauf den Rest der Pfütze salzte,
die ich leertrank. Nun schmatzte noch der Schlamm,
verheißend, doch ich dankte für den Nachtisch
und schloß das Maul. Sehr weit war ich geworden
und schlief allmählich wie ein Hügel ein,
derweil die Wasser langsam rückwärts flossen,
ein Karpfen nach dem andern mich verließ,
die Schar der Schwäne knatternd wiederkehrte. –
So grünte ich, den See an meiner Seite
und Stille in ihm bis in tiefste Tiefen,
leicht an den Rand der Schönheit hingelehnt,
und sprach, der Erlen Wipfel, ein Geflüster,
voll Staunen streifend: Ach, was kann der Mensch.

Stille

Sardinenbüchsen sind mit Bedacht
zu öffnen, zwischen den Leibern in Öl
könnte ein winziges Rauschen
des Meeres verborgen sein.

INMITTEN ERGEBENEM GRÜN graben die Totengräber
und haben sich Trauerränder unter die Nägel gelegt.
Und hoch über ihnen im Raum des wolkenbefahrenen Himmels
kreisen die Männer des Alls, in ihren Maschinen, verkapselt,
bevor sie zur Erde zurückfalln, denn endlich gibt sich ja alles;
der gleißende Chrom der Systeme muß sich mit Rost begnügen,
und immer gehn Leute vorüber, öffnen, es regnet, die Schirme
und klappen die Schirme zusammen, kaum, daß die Sonne scheint.

Die Einkehr

Eines Nachmittags, als sich der Hof endlich füllte
mit Kindern und Spatzen, als Leute mit Aktentaschen
heimwärts liefen, das Abendbrot zu bereiten,
war in der Luft ein Schwirren
und zwei geflügelte Männer berührten mit ihren Füßen die Erde.
Da standen die Leute starr. Aber der alte Herr Lot
fuhr gleich im Fahrstuhl stockab,
begrüßte die Männer voll Furcht, lief in den Konsum um Wein,
und etliche Anwohner schleppten dampfende Schüsseln herbei,
setzten sich mit an die Tafel, aßen und sahen einander
mit anderen Augen. Dann kam auch der Abend.
Und siehe, die Flügel der Männer
erstrahlten in den Farben der Maler
als wäre ein neues Meer angekommen,
duftend von Himmelschlüsseln. Da sie nun gegessen hatten,
standen die Engel auf, dankten und segneten alle,
denn sie hatten noch nie an einem irdischen Ort
so viele Gerechte gesehen. Dann kamen noch einige Herrn,
und ihre Mützen changierten im letzten streunenden Glanz,
als sie die Fremden mitnahmen.
Da standen die Leute starr. Aber der alte Herr Lot
haderte mit Gott,
der seine Engel noch immer zu früh
auf die Erde gesendet hatte
und nun, als wäre nichts geschehen,
die Felder des Himmels jauchte.

III.

Machtlosigkeit hinkt mit

Der Mutschöpfer

Er steht im Hof und sieht die Weltgeschichte.
Die geht voran und immer wieder schief,
und wieder heißt es: *Vorerst noch verzichte* –
bis kommt, was doch kommt, sagt er, atmet tief,

steht ja im Hof, und wendet das Gesicht,
da dicht am Zaun das krause, grüne Leben
der Sträucher anfängt, sich erneut zu regen
und Krokus zart die harte Erde bricht.

Und öffnet voller Staunen seinen Mund,
daß unversehns die liebe Sonne schräg
vorbei an der Dachkante, durchs Geheg

der Zähne, zwei, drei Strahlen auf den Grund
der Kehle schickt. Lichtschluckend schöpft er Mut,
als käm die Zeit und alles würde gut.

Die Stadt

Du bist im Bart der, der mit nacktem Kinn,
gehst aufrecht krumm, brüllst lautlos vor dich hin.

Und unverwandt sieht dich vom Turm ein Mann
voll Majestät mit goldnen Waden an.

Licht legt sich sacht wie eine Hand auf dich,
so daß du heulen könntest und sitzt ganz still am Tisch,

da vor dir eine Rose aus Plast beharrlich blüht,
der Wunderbaum Fontäne zu dir herüber sprüht.

Wie Hirsche pirschen Bahnen durchs Gewühl,
um siebzehn Uhr beginnt ein Fußballspiel.

Die Tür schwingt auf. Du kaufst dir eine Mütze,
damit sie dich im nächsten Krieg beschütze.

Im Zwingerhof, umrandet von zierlicher Musik,
winkt dir ein Faun. Graziös winkst du zurück

und winkst und winkst. Zu Stein gefriert dein Grinsen,
Touristen zücken hurtig ihre Linsen. –

Jedoch du gehst zum Fluß, der zieht wie Lack dahin,
und stehst und denkst, vielleicht ist alles nicht so schlimm.

Denn lächelnd steigt der Berghang. Das war schon immer so.
Grün das Geröll der Bäume. Jetzt bist du wirklich froh,

und langsam bleibt der Fluß stehn. Die Stadt dehnt sich und treibt
schräg durch das Licht davon in eine andre Zeit.

Voran die Kathedrale. Du lichtetest den Anker
und fährst als Kapitän auf dem barocken Tanker

mit allen Heiligen oben auf den Konsolen,
was uns versprochen ist, endgültig abzuholen.

Webers Gartenhaus

Am Haus, zwischen Rebenspalieren,
lehnt wie das Licht die Musik,
denn das ist, es blasen die Herren Musiker
vielerlei Lüfte beharrlich
ins Rohr der Oboen, ein Gartenkonzert,
und nah kommt des Berghangs hellatmendes Grün.
Doch alsdann verfinstert der Nußbaum den Garten,
und nach dieser Stille, im Aufgeregt-Flattern
riesiger Blätter schräg durch die Luft,
rollt es, man öffnet die Schirme, heran
und nennt sich, ach, das ist ein Wetter,
von Anfang an endlos, Landregen,
der langsam die Notenlinien schraffiert
und, nieder vom Dach auf die Herren Musiker
fallend, in die Oboen einsickert,
daß schwerer die Töne, gesättigt
von himmlischem Wasser, und dunkler als Lehm
einhergehn, denn immer noch lauschen
die Stühle der Regenmusik.

Am frühen Morgen

Am frühen Morgen war ich aufgewacht,
als ich durchs Fenster unter mir im Garten
den Apfelbaum sah. Der war auferstanden
in dieser Nacht aus dieser dunklen Nacht
und schwerelos vor lauter Blütenschnee.
Mir schwindelte. Dies war der erste Tag,
der je begann. Vordem war Nacht, nur Nacht,
so sehr umschlossen hielt das hohe Blühen
des Universums Kraft. Die Engel sangen.
Und eingegangen war ich längst ins Weiß,
als sie schon draußen an der Tür anklopften.
Nicht ich, ein andrer kochte grad Kaffee,
packte sein Zeug, sah noch einmal den Baum,
der noch da stand, als wäre immer Frieden.

Fenster im Spiegel

Ich stand vorm Spiegel, kämmte mir das Haar,
so daß ich mich vor mir im Spiegel sah
und hinter mir ein Fenster, das ins Weite
den Spiegel öffnend, ein paar Pappeln zeigte.
Denn mit dem Sportplatz ging die Stadt hier aus,
Obstgärten mehrten sich an ihrem Rand,
Garagendächer, Zäune, rauchlos stand
ein Schornstein drüben bei der Gärtnerei,
wo sich das Licht auf dem Gewächshausdach,
schmerzhafter Glanz, vor mir im Spiegel brach,
der meinen Blick, am letzten Haus vorbei
mit einemmal die Böschung aufwärts führte,
bis ich tief in ihm Grün sah, das mich rührte;
auf weitem Feld, das, wohl von purem Klee,
noch grüner war als weiß ein weißer Schnee
und sich empor zur lichten Höhe hob,
darüber etwas, schwarz, im Spiegel flog,
langsam zur Gärtnerei hinüber trieb,
im Glanz verflimmernd, manchmal stehenblieb,
am Sportplatz fast die Pappelreihe streifte
und hin und her und immer näher lenkte.
Wie niedrig fliegt die Bombe, dachte ich.
Leer war der Spiegel, da ich mich noch kämmte.

Heimkehr des Odysseus

Von ferne Rauch. Dann Wald
aus Schrott. Gebirge von Geröll.
In einem Keller eine Vettel
und ringsum aufgestapelt Männer,
die wir begruben. Ein Jahr Arbeit.

Wo sollte ich mein Ithaka noch suchen.

Ich blieb. Aus Löchern kroch etwas
wie Menschen. Ich verhieß:
Dies Land wird Ithaka
und unser sein. – Sie setzen das Geröll
zu Häusern auf. Doch wenige Gefährten.

So waren Wunder nötig: Ich erkannte
in jener Vettel Penelope wieder
und legte fest, daß sie von Schönheit sei,
und ich, Odysseus, unbeirrbar.

Die Berge ließ ich zum Beweis
umbrechen, bis sie meinem Haupt,
das längst von Frösten kahl war, glichen –

doch die Bewohner wandten sich,
von Fleisch geknebelt, in die Häuser ab
und murrten lautlos, seltsame Kyklopen.

Da saßen die Gefährten sicher
und wuchsen fest, Kentauren,
indem die zartgemaserten Gesäße
den Lauf der Zeit in Jahresringen zählten,
so daß, wo Mensch war, schon der Stuhl begann.

Doch eines Nachts, als sich der Himmel
wie sonst nie überm Ozean weitete,
stand über mir im Raum ein Schiff,
von dem ein schwaches Licht auf dieses Eiland fiel.

Das Meer

Es atmet ein, und die Berge
kommen gegangen, es atmet
aus, und ein Wetter von Schmetterlingen
flattert über das Land.

Es kämmt und kämmt sich, es wandelt,
sich wandelnd, dahin durch sich selbst
und gähnt am Mittag, verschluckt
lautlos die schnürenden Schiffe.

Die Distel

Fernhin sah ich Schlotfahnen, schrägab zackig.
Doch über mir, sich zwitschernd überschlagend,
stieg eine Lerche hoch auf. Sei doch still.
Macht kommt auf Macht. Machtlosigkeit hinkt mit.
Was soll sich da noch, denn zum Schlechten, ändern.
So dachte ich. Doch eine Distel stand
aufrecht, von Purpur überaus gefürstet,
in ihrer Stachel Anmut filigran
und brach den Stein. Um sie her war geordnet,
was da an Landschaft, Feld und Hügel, lag,
und wo ich hinging, stand sie abermals.
Da wußte ich, wenn auch die Kommissionen
den Horizont mit Dynamit vergittern,
geht sie und geht, des Löwen stille Schwester,
auf den Beton, das Feld besetzend, zu.
Denn es wird Zeit. Die Stockwerke des Dunkels
muß ihres Krauts Gefieder gründlich zähnen
und, ringsumher von wilden Kletten starrend,
im Wunder ihrer Blüten übersteigen,
daß auch die Tiefe noch ein Abglanz trifft.

Die Sträucher

Was soll das Theater der Blüten und Blätter,
dachte ich, doch in den Sträuchern, die mir,
dicht bei den Mülltonnen, Tropfen an Tropfen
in zitternder Klarheit erschienen –
denn über Nacht war ein heller,
atmender Regen niedergegangen –
schwebte ein zartes, gekörntes Gewölk
von Knospen, ein dichtes Gewirr
von winzigen Kindern der Erde,
die bloß auf ein Spatzengetschilp
warteten, um in das Jahr einzutreten.
So war ich auf einmal ganz still.

Im Garten wuchs schon Krokus

Im Garten wuchs schon Krokus, eine Insel
sehr österlicher Blüten, buntgeschippert.
Doch über Nacht war auf die flachen Dächer
und Wege Schnee gefallen. Im Gesträuch
und an dem Zaun das erste bißchen Grün
schmolz schnell dahin. Auch warn die Apfelbäume,
die jeder anders schief vor Alter standen,
von oben an bis unten überstäubt
und Ast für Ast mit Stille schwer beladen,
daß alles nur noch weiße Wirrnis war.
Da dachte ich: Dies ist ein später Engel,
der reiner ist und weißer als die andern
und spät die Erde deckte, um zu sterben,
und schrieb das auf. Ich saß im warmen Zimmer
am Fenster, trank Kaffee, erwähnte auch
winzige Spuren wie von Vogelkrallen
im lockren Schnee auf umgebrochnen Beeten
und wollte leben, als ob nichts geschehe,
nur endlich nackt sein also dich berühren
aus aller Kraft und lauter Zartheit Schnee.

IV.

Das Schreckensbild

Schneebier

Der Ausschank war geöffnet in das Dunkel
und leuchtete warm in den tiefen
von ferner Kindheit überglänzten Schnee.
Da ich mein Bier vom Brett nahm. Unten ging
riesig die Elbe, endlich als ein Strom
in Richtung Nacht. Und weit hinaus das Eis,
fast bis zur Mitte, wo, da sonst der Weg hinführte,
bei einer Bank vom Winter überwältigt
und einer Schar von schwarzen Stangen
an der Anlegestelle regungslos
die Fähre lag mit ausgelöschten Lichtern.
Eisschollen knirschten lautlos aneinander.
Gurgelnde Schwärze löschte alles Weiß,
und doch ganz draußen noch unwirklich wahr
ein Winterschwan einwärtsgebognen Halses.
Kein Motor wagte sich durch diese Stille.
Indes in mich eiskalte Biere rannen
und ringsher um die Lampe Schneegeriesel
aus meinem Mund ans Holz des Ausschanks glitzernd
vorstöberte. Ich trank und trank und trank.

Die Elbe

Der Uferweg, die Böschung und die Steine.
An schwarzer Mauer schwarze Industrie
entleert sich schweigend in das schwarze Wasser.
Doch mitziehn Wiesen, und der Berghang, einst
Geleit und Halt, vor Schönheit fast verzitternd,
rollt noch sein Grün über die roten Dächer,
vorbei an einer Villa, weit geöffnet
die Fenster, da Musik herüberweht
und fernher, wo gebaut wird, Pinke Panke,
als gälte es, den Fluß zu dirigieren,
daß er an seinen Rändern heller strudelnd
über glitschige Steine aufwärts fließt
und sich am Grund die Fladen leise regen,
und rascher in der Mitte, nur hinunter,
lautloses Kettenknirschen, Rohrgejohl.
Was hab ich nur. Es geht, es geht doch alles.
Selbst noch der tote Fluß fließt fort.

Der Paßgänger

Ich sitze in Sachsen und schau in den Schnee.
Ich saß über Amsterdam
auf einem Balkon mit gedrechselten Stäben
und sah unterm Giebel mir gegenüber
ein Zimmer, in dem eine riesige Katze,
blaßrote Gladiolen und eine Frau
den ganzen Vormittag lebten
und mich plötzlich ansahn. Ich stand
vor dem Hauptbahnhof Dresden,
und grauer war die Geometrie
und geometrischer das Grau
und Lenin zwischen den Rabatten
auch nur ein König aus Preußen. Ich saß
hoch über Amsterdam, unten
die Straße in täglichem Aufruhr, Schiffsorgeln,
schaukelnde Straßenbahnen,
drei Polizisten in vollem Galopp
und sämtliche Fahrradfahrer der Welt,
die Knaben die Mädchen die Knaben
kutschierend, dazwischen, im Durcheinander,
dicht neben den Schienen erglänzte
ein goldener Ritter. Ich stand
vor dem Hauptbahnhof Dresden,
und drüben war Fußball, und Ouhh!
riefen die Sachsen verloren mal wieder.
Da sagte auch ich leise Ouhh,
denn ich gehörte zu ihnen,
samt diesen, meinen betrüblichen Hosen.
Und sitze in Sachsen und schau in den Schnee.

Die Zwillingsschlote

Vom Flußtal aufwärts, wo die Industrie
mit großem Ernst menschenleer rasselnd rauchte,
stieg ich des Jahrs Zweitausendfünfhundertfünfundvierzi
nach Nebukadnezar, am frühen Morgen,
längs eines Bächleins müllverschüttet,
auf steilem Pfad durch Buschwerkfinsternis,
bis ich ein freies Feld gewann
und über mir die Sonne Ostern gongte.
Da war ich sozusagen auferstanden.
Doch mit mir mit aus finsterem Gerassel
mit jedem Schritt hartnäckig hinterrücks
ein riesenhaftes Rohrpaar übers Feld,
Doppelbeton, als wärs dem Feld entwachsen,
zu kränken rings das Grün. – Nur weiter so.
Alles war längst, und viel, und schon genug,
denn keiner zählt die Tage, da ein Mann
früh hier heraufkam und die Sonne kannte,
dachte ich, und die Zwillingsschlote bliesen
wortlos aus ihrer Schrunde ihren Rauch
über die Ebne, eines Motors Knattern
zerschlug sich zwischen Gärten, Feldern, Schnee
als ein Gewimmel tanzte durch die Luft,
so daß am Schlotrand rote Ringe glühten.
Mensch wo war ich nie konnte ich es sein.
Das Dorf, umzäunte Stille, Mandelbäumchen,
zartbunt mit Plastostereiern behangen.
Ein kleiner Dreiradfahrer, eifrig kurbelnd,
auf seinem Haupt sieben Indianerfedern,
fuhr auf mich zu und klingelte mich an,
daß ich Mensch Mann ein Mensch beiseitesprang.

Was ich sonst noch sah, weiß ich nicht.
Alles geschah erst. Nichts war noch gewesen.
Und müßte ich im Schlotetodesschatten
auf allen viern gehn. Gern biß ich ins Gras.

Da ich den Mittag verschlief

Da ich den Mittag verschlief –
draußen vorm Fenster ein Kind, eine Frau:
Hats Fluchzeuch Bomben? fragte das Kind.
I-wo.
Wirft es die Bomben uns auf den Kopp?
E-nee.
Sind wir dann dot?
E-scha –
Wandt ich im Schlaf mich um, beinah heiter,
weil nichts uns geschehen konnte:
Iwo, Enee, Escha.

Sommerfrische

Die Wiese, im Löwenzahn,
blüht mühelos empor
bis zum Balkon. Durch das Licht
sickern die Sommergeräusche.

Abends vom Hügel der Widerschein
schwerer Motoren. Aufschlag und Gepeitsch.
Oben das Dunkel von gläsernen grünen
Kapseln eilig durchzogen.

Bäumegetrappel

Als ich über Goppeln einwärtskam, lief
dauernd ein Chausseebaum hinter mir her,
und als ich mich umwandt, warn es schon viele
und rannten in Reihe schrägnachvorngebeugt
mit wippenden Ästen hinter mir her.
Irgendwas stimmte nicht. Unten die Stadt
war still, als schrieen Sirenen. Vom Gaswerk
hob sich der Deckel und stand in der Luft.
Und drüben aus den Hochhäusern winzig
winkten noch Leute. Ich rief,
mir nach, und lief, Bäumegetrappel
hinter mir her, durch die Vorstadt hinunter
zur Villa, in der das Rote Kreuz wohnte.
Hier wartet, sprach ich zu den Bäumen im Hof.
Aber das rote Kreuz war schon tot
und hatte sich noch mit blutnaß
von den Stühlen hängenden Binden umwickelt. –
Bloß fort hier. Doch draußen am Wäschepfahl stand
ein Pflaumenbäumchen und blökte erbärmlich,
so daß ich es losband und an seiner Leine
das bockende Bäumchen hinter mir her
zerrend, rief: Auf nach Berlin.
Aber du brennst ja, sagten die Bäume.
Ach laßt, sagte ich, das macht nichts.

EINES TAGS sind unsre Nasen
staunend emporgerichtet,
da wir noch immer leben
und unsre Kinder auch.
Denn in den Vorgärten ist ein Geschrei
verwilderter Blumen über den Zaun,
und über der alten Zeit
gehen die Kindeskinder,
winkend, auf gläsernen Wegen,
unter den Lichtwasserfällen.

Die Landschaft mit der kahlen Stange

Vor weitem Wasser lag das weite Land.
Bauminseln, Kühe und im Gegensinn
der Graugansflüge noch ein Streifen Wald,
bis, bei des Kummerkirchleins Spitze,
seitab versteckt unter Kastaniengrün,
das Meer einbog in langgestreckten Schleifen,
so wie nochmals, vor lauter Ferne blitzend,
mitten im Meer ein gelbes Feld erschien,
knapp überm hingeritzten Horizont,
da leicht und weiß die alten Wolkenbilder
heraufkutschierten oder regungslos
ein weniges verharrten, dunkle Brummer.
So sah ich das, doch fehlte mir der Glaube.
Denn drüben auf schütter bewachsner Kuppe
stand eine Röhre, dumpf und ungestalt,
ein kahler Finger überm Land,
und wußte nicht, was kam und käme,
und schaute, da ich schaute, durch mich durch.
Das war der Beitrag meiner Zeit.
Was sollten da der Bilder Zeichen?
Irgendwie Leben nannte sich schon Glück.
Und doch, in großer Höhe über mir,
schwebte ein Fetzchen Blau auf, leuchtend rein,
da rings die Wolken, hinterrücks
von Licht betroffen, an den Zackenrändern
aufdampfend, blendend weißes Silber kochten
und Strahlenbündel, über mehrere
Himmelsetagen, schrägab umgelenkt,
in breiten Bändern über Land und Meer
hinter dem Wald, Posaunen, abwärtsschossen,
als Riesenaufstand, daß ich meine Arme,
hoffen zu dürfen können glaubend, hob,
ein Komma winkend zwischen Horizonten.

Begräbnis

Unter dem Uferabsturz
wirft sich das Meer auf den Sand,
während die Schwalben ein- und ausfahren,
endlose Geschosse des Sommers.

Was ich auch sehe, es ist nicht die Welt
mit ihren Drahtverhauen,
sondern ein Meer, heimkehrend,
im Ausmaß von Horizonten,

an eine lehmgelbe Küste,
wo sich das Licht langsam häutet,
am Fuß windblättrigen Mohns,

hab ich begraben in meinem Kopf,
daß ich ein Grab hab in meinem Kopf,
verwildert von Schwalbenschatten.

Das Schreckensbild

Das Tal war Dampf aus über dreißig Töpfen
und reich gestreut sein düsteres Gewöll.
Selbst aus der Ferne grüßte noch
das schüttre Fädchen eines Schlots
und hielt sich, eh es rührend schmal zerrann
und sicherlich mein Winken weiterreichte
zum nächsten Schlot, einsam auf grünem Feld,
und dies so fort, bis daß die Städte kämen
und Schlot um Schlot im Tagwerk des Gestanks.

So schritt ich aufwärts über eine Halde
aus toten Stiefeln, Büchsen, Regenschirmen,
und ab und an ein Kinderwagenwrack,
und hätte nie, daß je so viele Menschen
gelebt haben, geglaubt, für so viel Müll.
Und dabei war das Wort Müll völlig ratlos.
Den Hang herab Erbrochenes aus Plast.
Zwischen Matratzen totes Haar.
Brände von Gummi. Oben der gewisse
aus einem Stück in Blei gefaßte Himmel.

Und doch nahm ich im Gehn mein Weiterschreiten
als Beispiel, daß sich alles fände,
über die Kippe kommend, und ich stand. –
Denn vor mir stieg, mein rundes Staunen füllend,
ein Chaos auf, ein wildgehäuftes Duften,
gleichviel vom Sog des aufgeschmolznen Himmels
und Erdfeld angezogen: Schwerlos.
Und ohne Zwischenraum, obwohl doch Bienen
ins schneebedeckte Innere einflogen,
bis weiter oben aus dem Blütengletscher
wo sich das Weiß ins Weiß hob ohne Laut,
ein Zweig aufragte, seltsam bittend,

daß ich nicht wissend wie was werden
soll einwärts lief, beständig hinter mir
das Schreckensbild des Kirschbaums, der noch blüht.

V.

Wie kurz das Leben ist

Am Rande Roms

Mitten in der Sonne
ein Straßenloch. Daneben
umgestürzt eine Ramme,
aufrecht ein kleiner Eimer
voll Sand. Der hiesige Erdarbeiter
sitzt drei Straßen weiter beim Bier.
Denn wer begriffen hat,
wie kurz das Leben ist,
hat Zeit. Die Ingenieure sind fern.
Und reden ohnehin
in ihren verschiedenen Sprachen.
Und wenn er auch käme, wartet auf ihn
das Straßenloch in der Sonne,
die riesige, schlafende Ramme,
der schweigsame Eimer aus Blech.

Das Auto

Ich fuhr grad um der Wüste linke Ecke,
als ich im endlos aufgewälzten,
fern noch als Licht herabregnenden Sand,
die Pyramiden sah. Riesige Todesschachteln,
daß selbst die Wüste noch ein Schauer streifte
und ich in Anbetracht der Dauer
der Erdzeit meinen Motor stoppte
und so ein paar Minuten des Jahrtausends
im Schweiße meines Angesichts ausharrte,
doch dann als Zeichen noch Vorhandenseins
die Hupe drückte, klägliches Geblök,
sofort vom Sand verschluckt, jedoch beim dritten
Ton taten sich am Fuß der Pyramiden
in großer Anzahl Rechtecktüren auf,
und vortraten die Könige der Erde,
in ihrer Würde schwarzes Gold gewickelt,
und alles Volk, in weißen Festgewändern,
in solcher Menge, daß die Wüste kochte.
Und schritten um mich her im Wackelschritt
älterer Zeiten, bis sie innehielten
und durch die Ebene ihr Oh erscholl.
Da wußte ich, sie fragten: Was ist das.
Das ist ein Auto, sagte ich bescheiden
die Hand aufs Kühlerblech gelegt.
Und ihrer Leiber Menge rauschte
auf wie Papyrus, denn sie sahn den Chrom.
Das Auto ist des Fortschritts Hauptgestalt –
vier Gänge vorwärts, einer geht zurück –
und fährt vom Öl hinabgesunkner Leiber,
erklärte ich und warf den Motor an,
daß heulendes Klackern die Ebne füllte,
zurückgeworfen von der Majestät
der Pyramiden. Doch die Toten wandten

sich einfach ab und schlurften rasch zurück
in ihre Löcher. Nur ein Mädchen blieb
und sah mich an mit großbewimperten
ägyptischen Augen. Da trat ich hinzu,
um es nach Art der Männer zu berühren.
Da war es schon ein Häuflein mir zu Füßen,
und ich stand da und, ach, das Auto blitzte,
aus meinen Ohren rieselte der Sand.

Vierzigstes Jahr

Wer geht, der geht. Das geht noch gut mit mir.
Sprach ich und ging mit schütter wirrem Haare
durch der Fontänen rauschendes Spalier,
gelassen in der Gnade meiner Jahre

die Straße lang, bis ich im Kaufhausfenster
umringt von Büchsen wen mit Bart und Bauch
sah, daß ich dachte: Seh ich schon Gespenster,
und höflich nickte. Doch er nickte auch.

Daß ich ihm, der da zuckte, wenn ich ruckte,
denn höflich hatte er noch stets, geschickt
machtlos im rechten Augenblick, genickt,
gradwegs ins feistzufriedne Antlitz spuckte.

Das Glas traf, mich umwandt, ging, wieder heiter,
doch der im Spiegel nickte immer weiter.

Des Kreischens Brummbaß

Das Fest war ziemlich müde, komm
mach mich mal lustig, sagte sie
und küßte mich, mir fehlte fast die Zunge.
Da schlichen wir, sternkalt der Januar,
hinaus und eins hielt sich am andern
im Gehen fest. Mein Gott, sind wir denn Tiere,
dachte ich noch und lehnte sie ans Haus,
darin des Kreischens Brummbaß klopfte.
Doch sie sprach los. Ich konnte kaum die Menge
der Schnüren, Bänder ihres Leibchens lösen,
doch als ich da war, war es da ganz warm,
daß wir momentlang flüsternd schwiegen
und nur des Kreischens Brummbaß weiterklopfte.
Mehr weiß ich nicht. Ich glaube, daß ein Mensch
auf finstrem Steig vorüberhastete.
Die Straßenbahn mit aufgesteckten Lichtern
rasselte plötzlich mitten durch uns durch,
daß heller Tag war in der dunklen Nacht
und endlich auch des Kreischens Brummbaß schwieg.
So standen wir noch etwas beieinander,
eh sie erneut mit wem davonschlich, dem,
mach mich mal lustig, fast die Zunge fehlte.

Siebenhundert Jahre Ehe

Stärker neigen die Platanen
sich dacheinwärts unterm Mond,
bröckelt von dem alten grauen
nachterfüllten Haus der Putz.

Ausgestreckt mit nackten Füßen
lieg ich auf dem Ehebett.

Während unten in den Kammern
überglänzter Blätterbüsche
silberliebes Flüstern atmet
und Gekicher wie von Spangen.

Kalkweiß färbt mein Bett der Mond.

Und die Nacht hat noch kein Ende,
denn der hohe dunkle Raum
ist erst halb mit Gift gefüllt.

Da du, schräggeneigten Köpfchens,
einen fremden Mann umschlingst,
der beruflich Ingenieur ist.

Tiefer neigen die Platanen
sich dacheinwärts unterm Mond,
und im Haus die Leuchtschriftuhren
fangen lauthals an zu ticken.

Siebenhundert Jahre Ehe.

Durch das Haar rinnt mir der Schweiß.

Doch die Nacht geht nie zu Ende,
denn im Umkreis rasselnder
Horizonte wird die Mutter
Erde endlos abgekocht.

Messerchen aus kleinen Seufzern,
untermischt mit Männerstimme.

Werdet kahl, ihr Blätterbüsche,
werft ab, daß der Garten scheppert,
eurer Silberlinge Laub.

Da du dich geschlängelt windest
und der fremde Ingenieur
deines Leibes Fachkraft ist.

Siebenhundert Jahre Ehe.

Niemals mehr ist mir dein Mund
eine feuchte Züngelflamme,
knisternd atmendes Insekt.

Niemals mehr vermag ich deine
silberhellen Nadelbrüste
zu berühren wie der Fremde,
noch wird je von mir ein Kuß
deinen Leib hinab zur Sohle
und von dort ins Erdreich fahren,
daß dich an der Kopfhaut friert.

Siebenhundert Jahre Ehe.

Und ich weigre mich zu atmen,
ausgestreckt im Ehebett,
ratlos mein Geschlecht berührend.

Heller Streif am Horizont.

Eisentore öffnen sich,
und hindurchgehn Ingenieure,
Täschlein an den Handgelenken.

Da kommst du als Hauch ins Zimmer,
drängst dich neben mir an mich,
daß ich deinen Atem spüre
und den wundgeküßten Mund.

Aber auf dem hohen Laken
aufgebahrt im Morgenglanz,
siebenhundert Jahre Ehe,
bin ich längst zur Strafe tot.

VOR DIR AUF DEM TISCH DEINE HAND.
Deine Hand aus Wasser,
deine Hand aus drei Tropfen Blut.
Daneben unverwandt
die Rose aus Plast. Abhanden
kommt deine Hand bald. Die Rose
wird in der Mülltonne landen.
Und gnadenlos fortblühn, unwandelbar
unter der Asche im siebenten Jahr
und todstarr im Lackglanz von Plast.
Da trägt deine Hand die geringere Last.

Spät

Da auch die Schwäne ihr Schlagwerk beenden –
Glatt liegt das Wasser, ein Schlaf.
Zum anderen Ufer reichen die Schatten
der Bäume, regloses Dunkel, geschnitten
in regloses Dunkel. Ein Stern

geht auf den Grund und verzittert.
Schlaf ich. Schon sickert der See
ins Nachtlaub, schon sinken die Zweige,
taumelt Schwarzfedernes schräg über mich.
Wer wird mich wecken, wer ruft mich, ich bleibe.

Der Wald

Ich saß auf einem Stumpf in der Natur.
Engelsgras klirrte hin und her im Schauern
von irgendwelchen Flügeln, die mich wohl
ein wenig streiften, daß ich sprach: Ach Wald.
Denn rechts vom Kahlschlag standen ein paar Fichten,
bis auf die Knochen dürr, doch an den Spitzen
lebendig grün. Und unterhalb die Schwestern,
hockende Häuflein, tüpfelten den Hang
und füllten bald das Tal und drängelten
einander schubsend aufwärts bis zum Fuß
des Stamm bei Stamm, im letzten, schrägen Licht,
mit Ästen, dichtbepelzt und abwärtskurvend,
inwendig golden aufgerührten Walds.
Darüber andrer Wald stand, reglos nickend,
den Wald- um Waldwand wortlos überragte.
Und dies so fort. Doch das war erst der Anfang.
Denn hinter Nebeln wie von Anbeginn
kopfüber zwischen all den Zapfenschüttlern,
zog eine ferne Wipfelkette
über die Tiefen abgelegner Täler
mühelos hin. Die zartfiedrigen Spitzen
teils ganz gerade dicht an dicht gereiht,
teils sich ein wenig zueinanderneigend
oder gebeutelt, der kreuz und der quer,
als allgemeines Wipfeldurcheinander.
So schon verschmelzend mit der Dämmerung,
doch weitersteigend, da ich ging, zu kurz
schien mir mein Leben, rasch vorüber
an einer Quelle, die ein Rohr bald schluckte,
und mit dem Zug fuhr, mitten durch die Nacht,
durch Städte fauchend unterm Abgeblasen,
verstreute Lichter, tausendfachen Schlaf.

Doch als ich morgens ankam zwischen Häusern,
hatte der Wald, im Schneckengang die Frühe
rändernd, den höchsten Punkt erreicht und stand
donnernd im Licht als riesenhafter Berg.
So blieb sein Bild mir noch für ein paar Jahre.
Daß alles Schauen Abschied war.
Ich saß in der Natur auf einem Stumpf.

VI.

Aber die Plankommission war zerbröckelt

Anrede

Schau, da stehst du, lieber Mond,
über den Dächerkanten,
als wärest du der liebe Mond.
Aber es rasseln die Bunker nachtweit.
Und wer da noch immer umhergeht
und seine Fäuste schüttelt
muß über sich auch nur lachen.
Denn seine Freunde sind fern
und die Gespräche versickert.
Weil, was zu tun wär, dachten wir wohl.
Aber was konnten wir – ja, lieber Mond,
auch eine alte Geschichte.
Am Bordstein die Autos, Schweiß auf den Blechen.
Und unten rauscht der Fluß so wild
in seiner Röhre aus Stein.
Aber ich gehe dennoch umher
und schüttle die Fäuste, und schlag sie
an meine, Mischmaschine
der Gefühle, Brust:
Tritt schwärzer aus dem Gulli, Fluß.
Wälz deines Schäumens Unrat auf.
Aber wen störte das noch.
Es haben die Schläfer den Schlaf ja verdient
in ihren geduldigen Betten.
Und du, Mond, bist auch nur ein Bild
und stehst da und schaust mich an
mit einer Wolke am Herzen.

EINMAL HAB ICH GELACHT.
Ich saß unterm Uferabsturz.
Und auch das Meer hat gelacht
über die unvergänglichen Staaten.
Das gab ein Gelächter am Strand.

Rumpelstilzchen

Ja, ich humpel noch durchs Dunkel,
geht auch jeder hopps, nanu,
hinterm Buschwerk ein Gemunkel,
gleich in die Statistik ein.
Ja ich hebe noch mein Bein
bei des Feuers Flackerschein,
tanzen mir auch meine Schuh,
da ich tanz, ich tanz, zertanzt,
Hilfe, selbst mein Hemd verwanzt,
schon auf die Strichlisten zu.
Ja, ich lenk noch meine Schritte,
ist auch selbst mein Name, bitte,
nur nicht nennen, mir zum Kummer,
siebzehnstellig, eine Nummer,
Fußgeschlenker, rings im Kreis,
statt daß ich mich in der Mitte
pack und selber, zack, zerreiß,
weil Statistik alles weiß,
weiß sie doch, starrt auch durchs Dunkel
Finsterhut an Finsterhut,
niemals, daß ich, o wie gut,
weiß, daß sie weiß, Doppelhumpel,
daß ich weiß, daß sie weiß, Rumpel.

Der Aufsteigende

Die Elbe war ein Fluß bei Heidenau
und eingefaßt in graue Ufersteine.
Aus einem Halbrund strömte gelber Schaum
und weiter draußen, aus Geheimgeysieren,
vom Grund auf blasiges Geblubber,
daß weißliche Scholln abwärtsstrudelten
und sich doch in der Mitte sonderbar
ein blasses Büschel regte, wie es gern
der Fluß in Richtung seines Fließens
zu strähnen pflegt. – Gras oder Menschenhaar?
Was wußte ich. Ich ging hier nur spazieren
und wandt mich ab als ich erneut hinschaute
stieg langsam aus der Flut ein fahles
und stark bebrilltes Angesicht empor
und sah mit strengem Blick zu mir herüber,
so daß Entsetzen meine Schritte lähmte,
indes das Wesen sich noch weiter
des Stroms enthob und so fast bis zur Hüfte,
umkocht von schwefligem Gedämpf, vorragte,
daß ich sein gutgeschnittenes Jackett,
das weiße Hemd und den korrekten Binder
deutlich erkannte. Eine Stimme sprach:
Dies ist des Fortschritts erster Sekretär.
Nach diesen Worten sank er wieder tiefer,
nicht ohne daß sein Mund vorm Untertauchen
noch etwas gelbe Molke in sich sog.
Das Wasser aber schwoll: *O Jugendfreund,*
tritt nur herab. Dies ist auch deine Scheiße.
Doch unbesorgt, wir haben sie im Griff,
und gerne zeigen dir die Aggregate
des Fortschritts sieben Töchter unterm Schlamm,
sprachs Gurgeln noch, eh es sich selbst verschluckte.

Zaubrisch umtanzten Flädchen meine Schuh.
Im Uferweidenschlammwerk schaukelte
vom Vorjahr eine tote Aktentasche.

Staatsbesuch

Beständig Embleme verkörpern.
Und mit Jacketts und Krawatten
den Fortgang des Fortschritts befördern.
Aber wer weiß schon wohin.
Und wie die Geschichte ausgeht.
Daher dieses Händeschütteln
und diese feuchte Methode
einander beim Abschied zu küssen.

Die Dienstreisenden

Immer schon auf dem Bahnhof
mit der Methode, noch rasch
eine Wurst, unter heftigem
Nasengeruck, zu verzehren.

Ehe sie aufwärtsfahren,
um in der Hauptstadt gewaltig
im Namen des Fortschritts zu nicken,
mit blasser, ädriger Stirn.

Heißen sie alle Karl-Heinz.
Aber auch ich heiß Karl-Heinz
mit meiner vereinnahmten Nase
und meinem gestorbenen Zahn.

Und sitze an meinem Schreibtisch
und nicke bei jedem Wort,
denn wir sind alle zusammengefaßt
in einem System von Semmelgesichtern –

Und doch birgt sich jeder, allein
inmitten der fauchenden Nacht,
in sich, seinen bitteren Namen,
schnaufend im Schlaf, zu vergessen.

IN WIRRER NACHT, unter vielfachen Zweigen.
Wir sprachen, wie die Welt zu retten sei,
und unsre Rede tropfte durch das Dunkel,
als da Geschnauf war, längs des Weges näher
ein rundes, graues Tier schritt. Innehielt
und auf vorn klüglich zugespitzte Weise
zu uns heraufsah. Das ist die Natur,
sprach ich, du botst ihm etwas Wein,
jedoch das Wesen wandt sich ab
und schritt wie es gekommen war
davon auf unsichtbaren Füßen.
Da saßen wir mit unsren Doppelhirnen
und ringsum tropfte Dunkel durch die Zweige,
Blick eines Igels Schlurfen durch das Laub.

Der Molch

Wenn er die Treppe heraufkommt
auf seinen surrenden Walzen,
öffne, öffne die Tür.

Gern trinkt er Mokka aus winzigen Tassen.

Aber erwähne niemals
seinen Vorfahren, den Großmolch.
Sage, wir leben jetzt alle
in viel bescheidnerem Rahmen.

Auch hüte dich vor dem Anblick
seiner blaßgelben Unterseite,
daß nichts dich an dein Dasein
aus Kopf und Knochen erinnert. –

Schau ihm ins Auge. Das ist aus Glas.

Und nicke, wenn er sagt, wir könnten
nichts anderes tun, als unsere Walzen
täglich besser zu ölen.

Ausschau nach dem großen Specht

Als wir noch einmal Ausschau hielten
nach dem großen Specht,
kam er mit dem Nachmittagszug,
und keiner hatte je auf dem Bahnhof
so einen rüstigen Vogel so würdig einhergehn gesehn
in seines Gefieders Glanz, Regen
aus Perlen geschüttelt.
Aber der Großspecht nickte nur flüchtig,
trat auf den Festplatz hinaus
und zog aus der Aktentasche Girlanden
von Gräsern und Blättern hervor.
Da spielte die Harschmusik barsch,
und wir traten an zur Erklärung des Frühlings
aus den Statuten von Hagel und Geknirsch,
so daß auch der Großspecht antrat in der Reihe,
den Kopf mit der Krone aus Lattich
erwartungsvoll schräggeneigt.
Doch wo auch der Großspecht antrat in der Reihe
stand ihm sein grünender Zeh immer über,
und die erprobte Begeisterung störte
sein gickerndes Kollern mit Überschnappschluß.
Aber schon fiel aus den Lautsprechern Schnee
vom vergangenen Jahr,
und im Gestöber wankte der Specht
mit großen tragischen Augen umher
und rannte gescheucht auf und nieder.
Doch unter seines Schnabels Gehämmer
und dem Fußgeruck seiner Verzweiflung
sproßten in Tupfern die Tüten
verehrungswürdiger Krokusse auf
und fiepten aus den Erdritzen vor,
während wir ratlos die Stelle Marsch traten.

Da aber tat der hohe Specht seine Flügel auf,
so daß uns in goldenen Farben das Bild eines Gartens erschien –
mit runden Bäumen äpfelbestickt
und einem Wasserfaß,
daneben ein Leopard saß und über das Leben nachdachte.
Wir aber folgten dem hymnischen Specht
in einen feierlichen, hyazinthenen Kreis
und in endlose Achten und Bögen
der Schönheit mit Zwischengehupf
und dem Chaos vervielfachter Füße, geschlenkert,
und stolzierten gickernd umher und klapperten geschnäbelt
die chlorophyllische Zeit,
daß selbst den Gefährten von Hagel und Geknirsch
die staatlichen Hosen zu grünen begannen.
Aber Sankt Großspecht trat lächelnd beiseite,
nahm seine duftende Aktentasche
und fuhr mit dem Nachtzug hinaus in die Welt.

An die Zahnbürste

Wer hat dich so zugerichtet, Mundbesen. Welch ein Orkan,
widerborstig, die Borsten nach allen Seiten gesträubt?
Wer dich bekäut an den Rändern, was für ein entsetzlicher Käuer?
Ich wars. Denn täglich hast du mir, und kennst meines Mundes
Geheimnis,
mich von des brüllenden Ochsen Fäserchen zu befrein,
zwischen den Klüften ein kleines, purpurnes Meer aufgerührt,
eh ich aufs neue davonging, der Menschheit die Zähne zu zeigen,
duftende Küsse verbergend im wieder erfreulichen Mund.
Aber auch ich werde alt. Schon bröckelt die Zahl meiner Zähne.
Fäulnis verfinstert mein Lächeln. Doch einstmals, wenn einstürzt
mein Mund,
sollst du nicht fremd unter fremden Bürsten der Nachwelt
verbleiben,
sondern, in schalldichter Erde, schlafen mit mir meinen Schlaf,
da deine borstige Seele schräg durch die stockdunkle Nacht
über die Häupter der Menschen und tagenden Ärztekongresse
auffährt, hochoben zu leuchten eine hygienische Welt.

Die Erleuchtung

Ein Baßton wie Orgelgebrumm
bekehrte den Straßenverkehr.
Und über der städtischen Glocke aus Dunst
stand eine unwandelbare, erlösende Musik
und füllte den Äther aus,
den eben ein Flugzeug durchquerte,
das eine Wolke war,
die weiter und weiter zog.

Da erkannten wir den Himmel
samt seiner beweglichen Teile.
Und einer unter uns warf seinen Hut
vor aller Augen aus,
daß vor aller Augen der Hut
kleiner und kleiner wurde
und sich, zerschmelzend, samt Krempe
der unerforschlichen Bläue verschrieb.

Da stand die Sonne im Mittag
vorübergehend still,
und vor aller Augen nahm einer von uns
seinen Dienstausweis
und legte ihn feierlich nieder
und trat, mit zögerndem Staunen,
als wäre sie festes, die Luft
und stieg auf der Treppe aus Luft
über die Dächer hinaus,
daß unten ein massenhaftes Lastablegen begann
und viele ihm folgten. Die Liebenden aber,
nackt wie die Schwalben, entkamen von selbst.

Indes in der Tiefe ein Rumpeln auftrat
und sämtliche Straßenbahnen
aus ihren Hallen stürmten
und schrägaufwärtsfuhren mit Hänger,
ehe sie, über den Türmen der Stadt,
anhielten, an luftigen Haltestellen,
denn selbst auf den Trittbrettern fuhr man noch mit
und pflückte sich oben im Licht
Himmelschlüssel. Nur ich

suchte, die Hände am Dachrand verkrallt,
noch immer die Plankommission.
Aber die Plankommission war zerbröckelt
und ihre leeren Jacketts flatterten umher
und riefen: Herrlich, herrlich, da uns
der tiefinnen leuchtende Abend erhöhte
und wir, die Gesichter aufwärts gewandt,
getrost zu den Sternen aufstiegen.

VII.

Die längst versprochnen Nadelöhre

Requiem

Ich halt mich noch schief, sprach die Mauer.
Ich lehn mich noch an dich, der Zaun.
Betreten schlich der Weg ums Haus.

Das Holz der Rede

Ich komme gleich. Ich ging nur mal hinunter
längs des sich selbst noch durch den sterbenden
Garten geschlängelt fortschleichenden Wegs,
als da der Apfelbaum im frühen Licht
zwar noch an seiner alten Stelle stand,
doch seltsam schief, ein schwarzes Bild des Todes,
und sich, als ich hinzutrat: Halte aus,
langsam vornüber neigte übers Gras
und seinen Stamm auf meine Schulter legte,
daß ich fast umsank unter seiner Last
und bei mir sprach: So ist die Welt.
Der eine fährt Auto und wundert sich nicht,
der andere stützt einen Baum,
während im Nachbargarten
die apokalyptische Säge schon schreit.
Doch jemand muß hier noch die Arbeit machen
und fröhlich sein. Das ist mein Teil.
Denn besser, gerad noch gerade zu stehn,
als gleich begraben zu sein unterm Stamm,
dachte ich in meiner aufrechten Art,
und Regen rann durch meine Hosenbeine,
wenn mich nicht Sonne dankbar dampfen ließ,
ehe du wieder Abendessen riefst
und Dunkelheit auf meinen Schultern ruhte.
So hielt der Baum mich, da ich ihn noch stützte,
und stützte mich, indem ich ihn noch hielt,
und eines Morgens spürte ich im Nacken
ein kitzliges Geschläuf von Fädchen, Spitzen.
Die Staude grünte noch. Und ich, umzwitschert,
inmitten einer Wolke kleiner Knospen,
die, weiß, ein rötliches Geschipper lupfte,
glaubte zu schweben unter meiner Last,
so daß ich, als erneut dein Licht vom Haus

herüberschimmerte und sich dein Warten
verhundertfachte oben in den Zweigen,
im Schnee der Blüten schwarz verdämmernd
unter der Sterne eisigerem Schnee,
auch noch das All auf meinem Rücken trug,
und nun wohl einschlief, und im Holz der Rede
vor mich hinknarrte: Ja, ich komme gleich.

Der Nachwuchsengel

Verankert im Büro sind meine Schwestern,
wo sie die Akten singend kehren
und bald dahin sind. Auf dem Fensterbrett
die schwache Spur von grauem Seufzerstaub.

Als Zahnradengel leben meine Brüder
ihr stark veröltes Leben im Metall,
nur hoffend, daß, wenn sie die Messer fräßen,
von ihnen noch ein kleiner Splitter Licht

abspränge mit den Spänen. Lieber Gott.
Wie reih ich mich in diese Schöpfung ein.
Wozu hab ich mein Abitur gemacht,
wenn ich vergehn soll wie ein Fingerschnippen.

Der Schutzengel

Da es endlich Abend wird,
Engelchen mich rings umschwirrt,
als Insekt sakraler Art,
flechte ich aus meinen Händen,
es zu schützen vor den Fallen
meiner fürchterlichen Krallen,
Atems Dickicht, Kinnes Bart,
ihm ein Dach mit schrägen Wänden,
sage leise: Komm.
Siehe, ich bin fromm.
Säßest du im Bethaus drin,
hätte Beten seinen Sinn.

Der Mensch

Er sitze auf der Bank vor seiner Laube,
den Regenbogen häuptlings hingestellt.
Mit Laub und Äpfeln rings bestückt die Bäume,
Gänseblümchengezwitscher tief im Gras.

Indes der Wurm des umgebrochnen Beetes
den Kopf erhebt und stumm herüberblickt.
Sich fragend, ob der Mensch denn ewig lebe.
Silberne Tropfen falln ins Wasserfaß.

Hosterwitz

Pfingstsonntag. In der weißgoldenen Kirche
Maria am Wasser. Die Christengemeinde
tut ihren Mund auf und singt.
Und draußen im Licht die Blumen
schwanken flirrend auf und nieder.
Aber durchs Fenster, zerbrochen, o Kummer,
flattert ein Schwälblein herein,
daß sich die Gesichter, noch singt man, geh aus,
mein Herz, ungläubig aufheben, denn das
ist ja, ein zweites, ein drittes, die Höhe,
spitzig geflügelt, ein ganzes Geschwader
im Rund- und im Sturzflug, Gekreisch,
und hockt sich in Reihe auf frommste Gerätschaft
und schnäbelt, und putzt sich, Flämmlein an Flämmlein,
der Predigt zu lauschen, freut euch im Herrn,
spricht der Herr Pfarrer und ist doch verunziert
von weißlichem Abwurf, fürchtet euch nicht,
schreien die Schwalben und stieben erneut auf,
da der Herr Organist, je nun, man muß
seinen Dienst tun, selbst bei diesem Gezwitscher,
auf seine Orgel einschlägt, Arabesken,
sich kreuzende Linien und strackses Geschwirr,
und draußen schwanken die Blumen
flirrend im Licht auf und nieder,
liegen die Knochen der Toten ganz still,
dicht an der steilabfallenden Mauer,
ziehn hin die Wiesen, der Fluß
unter dem donnernden Orgeltonbogen,
denn das ist der Schlußgesang, und die Gemeinde
macht ihren Mund zu, Pfingstgeistgebrumm.

Der Kicherengel

An langen Bärten hängen die Propheten
und klopfen mit dem linken Fuß im Takt
flammenden Auges düstre Abzählverse
vor sich hinmurmelnd: eene, meene, mink.

Doch statt zu schluchzen muß der Engel kichern.

Daß es den Onkels das Kontinuum
der Menetekel durcheinandermüllert,
und sie auf einmal selber nicht mehr wissen,
was kommen wird. Mink, meene oder eh?

Allein ein Kichern ändert schon die Welt.

Der künstlerische Engel

Er saß in einem schwarzen Loch und sang.
Bis ihn der Ausdruck höchster Bangigkeit
durch ein System von siebzehn Dissonanzen

zum Thron des Herrgottvaters steigen ließ.

Da hebt ers Antlitz andachtsvoll empor
und fängt erneut zu psalmodieren an,
nach Art von Katzen, die um Liebe bitten.

Apostel greifen stumm nach Ohropax.

Doch Gott, verwundert über Gottes Güte,
holt aus der Sintflutlodenmanteltasche
für seinen Diener einen sauren Drops.

Der, statt zu lutschen, singt zum Dank von vorn.

Der Garteneinsatz

Eines Morgens mußten die Abgründe der Rosen überstäubt werden. Dennoch verstärkte sich ein gewisses Flimmern nicht nur auf dem Dach des Hauses, auf dem es noch als gewöhnliche Lichtzersplitterung gelten mochte, sondern auch der Apfelbaum schien von zahllosen Flügeln befallen, und in seinem Schatten, wo auf dem Tisch eine Taschenuhr lag, hielten sich winzige Schwerelosigkeiten zwischen ihrem Tick und ihrem Tack.

Freilich gelang es, die Uhr an die Kette zu legen. Folgsam trotteten die Minuten hinüber in den Nachmittag, der im Zeichen des Aufreißens und Abhauens bis hinüber zum Zaun stand. Nur zwischen den Messern der Maschine, die das Gras zum siebenten Mal köpfte, flirrten noch immer ganze Abteilungen unwägbarer Wesen hartnäckig auf und nieder.

Weltbild

Der Herrgottvater schaut aus goldnen Gründen
stetig herab auf Hügel, Haus und Kuh
und wackelt hin und her mit seinem Kopf,
der Zeit zu dienen als ein Perpendikel.

So sehen wirs auf schön gemalten Bildern.
Doch warum bleibt sein Kopf auf einmal stehn?
Weil unten winzig Hügel, Haus und Kuh
vor Feuer brennen. Liebe Kinder, lauft.

Der Räumepflegeengel

So etwas Bescheuertes,
daß die einen unten immer
alles ganz allein aufessen,
und die andren Erdenwänster
weil sie nichts zu essen kriegen,
lieber in den Himmel kommen
und mit ungeputzten Füßen
lauter schwarze Tapsen machen,
schimpft der Räumepflegeengel,
wringt den Hader aus und wischt.

Der Dornbusch

Längs durch die Rieselfelder ging ein Weg
in Staub geschlagen und geschleift von Ketten.
Rechts wuchs Beton. Zur Linken surrten Drähte.
Die Wälder starben lautlos in der Ferne.
Doch an der Biegung hielt sich noch ein Wunder.
Ein Dornbusch war in Flammen aufgegangen
und rührte sich inwendig auf und nieder,
ohne sich zu verzehren durch sich selbst.
Dies sehend sah ich daß ich weiterkam
und blieb doch stehn: »Herr, was erscheinst du mir,
der für dich nur ein müdes Lächeln hat?«
Der Dornbusch schwieg und brannte innen heller.
»Doch wenn du mir schon kommst mit der Methode
in wechselnder, dreifachgehörnter Flamme
zu lodern: Wo ist dein gelobtes Land?
Ja sind erst unsre Augen rauchzerfressen,
dann sehen wirs in seinem vollen Glanz.
Verbrenn mich, daß ich spüre, daß ich lebe.«
Der Dornbusch schwieg und krümmte sich in eins.
Doch seine Flammen glitten von mir ab
und zogen sich um jedes Zweiglein fest
zusammen als ein Andrang von Rosetten,
die, Glut noch, rückwärts in das kühle Grün
der Blätter rosteten und braun verloschen;
viel häkchenzartes, dürres Abgegriesel.
Zwar bissen Dornen, doch das war kein Schmerz.
Mehlfäßchenfrüchte glänzten immerfort.

Der Engel mit der Eisenbahnermütze

Er steht im Schnee, wo alle Züge enden.
Und zählt die Toten, die man, Stück für Stück,
an ihm vorüberträgt, von links nach rechts.

Doch schon bei sieben weiß er nicht mehr weiter.

Daß man die Toten, die von links nach rechts
an ihm vorbeigetragen worden waren,
erneut vorüberträgt, von rechts nach links.

Doch schon bei sieben weiß er nicht mehr weiter.

So zählt er immer noch am letzten Krieg,
obwohl der nächste schon gesichert ist
und wieder Tote angeliefert werden.

Der Engel der Beharrlichkeit

In die schnurgeraden Straßen
stoßen Autos weltweit vor.

Aber auf dem Dach ein kleiner
Engel bietet Leitern feil,
und sein Rufen ist noch schmaler
als das Kicherwörtlein Glück.

Himmelsleitern, lichtgeknüpfte!

Schindeln schindeln vor sich hin.

Schornsteinfeger haben längst
ihren Rußberuf gewechselt.

Nur ein Langohr-Horchsystem
hat des Engels Ruf vernommen.

Himmelsleitern, lichtgeknüpfte!

Hinter Rechteckfenstern beugen
sich bebrillte Ingenieure
über eine Lochmaschine,
rasch noch vor dem Mittagessen
ein paar Engel abzuheften,
daß sie aktenkundig werden.

Aber auf dem Dach ein kleiner
Engel bietet Leitern feil,
und sein Rufen ist noch schmaler
als das Jammerwörtlein Ach.

Himmelsleitern, lichtgeknüpfte!

Schornstein will bloß was zu rauchen.

Siebenhundertfünfzig Tauben
sind versorgt mit Flügelschlägen.

Nur ein Nasen-Riechsystem
hat des Engels Ruf gerochen.

Himmelsleitern, lichtgeknüpfte!

Ratten hängen von den Dächern
lässig ihren langen Schwanz
in den ersten Widerschein
violetter Leuchtreklamen.

Nur ein Finger-Tastsystem
hat des Engels Ruf begriffen.

Aber alle die Systeme,
lauschend, schnuppernd, fingernd, stoßen
nur an allen Ecken immer
noch auf alle die Systeme
und verknäuln sich ineinander –

Während auf dem Dach der kleine
Engel seine Himmelsleitern,
welche lichtgeknüpft sind, einrollt,
morgen, wegen der geschätzten
Kundschaft, zeitig aufzustehn;
ganz bestimmt kommt wer und kauft.

Rettender Engel

Er ist der kleinste unter allen Engeln
und selbst sein Singen ist nur wie ein Strich.

Doch im Fach Demut hat er eine Fünf.

Fliegt mit den Bienen auf und nieder,
wenn Glockenläuten durch die Äste schneit.

Und davon wird sein Kleid kirschblütenweiß.

Und leuchtet vor auf seinem langen Weg
durchs Labyrinth der finsteren Systeme,

die sich, von soviel Anmut rettungslos
verwirrt, entwirrn, und Friede, Friede flüstern.

Das Kamel

Es wandert das Kamel quer durch die Steppen,
die Last der Welt ein Stück voranzuschleppen,

und hockt sich hintern Hügel hin und rastet,
da Dunkelheit auf seinem Höcker lastet,

bevor es weiterwandert in die Ferne
im Wechselschein der Monde und der Sterne,

im Morgenaufgang und im Mittagsglanz
mit nacktem Knie und kargem Quastenschwanz,

bis daß es eines Tages sonder Rast
für immer vortritt unter seiner Last,

worauf man sagt: es blieb am Wegrand liegen,
den Mund im Sand, das Auge schwarz von Fliegen,

was auch nur heißt: Es wandert unverwandt,
nur noch ein dunkler Punkt am Himmelsrand,

der seinerseits beständig kleiner wird
und schon fast ganz im Wüstensand verflirrt,

indem vor ihm im Immerweitergehn
die längst versprochnen Nadelöhre stehn,

blitzend im Licht und derart riesengroß,
daß es hindurchgeht, stracks und mühelos,

und wieder größer wird mit jedem Schritt,
mit dem es in das Paradies eintritt,

wo unter Bäumen Lamm und Löwe harrn
und dem Kamel scheel auf die Höcker starrn,

daß es vor Scham glasklare Tränen weint,
bis endlich der Herr Jesus Christ erscheint,

der legt ihm segnend seine Hände drein
und ebnet endlich beide Höcker ein.

Schlußnotiz

»Nun, junger Mann, haben Sie etwas Neues geschrieben?«
»Wieso?«
»Man hat ja recht lange nichts Neues mehr von Ihnen gehört.« –
Andauernd soll unsereins etwas Neues schreiben. Und immer fragen einen die, die das Alte auch noch nicht gelesen haben. Und das Neue natürlich auch nicht lesen werden, das bald wieder das Alte ist, so daß sie einen erneut nach etwas Neuem fragen können, bis man gestorben ist.
Freilich, auch unsereins liest lieber etwas Neues von sich. Zumal die vorliegenden Gedichte mit dem Wegfall der DDR nun auch schon eine Zeitenwende hinter sich haben; ein, nicht umsonst vom Untergang ganzer Bibliotheken begleitetes, Verschwinden des ursprünglichen Bezugssystems, das für den Verfasser nicht ganz so überraschend gekommen wäre, wenn wenigstens er seine alten Sachen einmal gelesen hätte. – Jedenfalls scheinen sie ihn unterdessen, als Zickzackbewegungen einer Sinnsuche zwischen Veränderungshoffen und Zerstörungsangst, schon hinter sich gelassen zu haben: Indem er glücklich im Westen ankam, von etlichen Repressalien befreit; wie überhaupt von der Geschichte bisher erstaunlich glimpflich behandelt. – Doch halt, so völlig anders sind die Zeiten nun auch wieder nicht. Der hochfliegende Satz, daß der Einzelne Subjekt der Geschichte werden solle, klingt immer noch wie Hohn. Und auch die Zerstörungen gehen weiter, wenngleich mit bedeutend verbesserten Mitteln: so daß die sinnsucherischen Zickzackbewegungen vielleicht doch fortgesetzt werden wollen; und sei es auch nur als erneute Vergegenständlichungsarbeit. – Was aber die Bibliotheksuntergänge betrifft, so ist doch die Tatsache tröstlich, daß es die Kategorie des Vergessens unterdessen kaum noch gibt; weil, was nicht wahrgenommen wird, auch nicht vergessen werden kann. –

»Ob es was Neues gibt von Ihnen!«
»Aber gewiß, gleich, gleich.«
»Ach, wissen Sie, eigentlich wird viel zuviel Neues geschrieben.«

Anmerkungen

32 Gedichte (I-III) sind aus »Ich lag im Garten in Kleinzschachwitz« (1982) übernommen worden, 44 Gedichte (IV-VII) aus »Schneebier« (1988); »Der Räumepflegeengel« erscheint hier zum erstenmal. Die Gedichte aus »Ich lag im Garten...« entstanden in den Jahren 1976-1981, die aus »Schneebier« zwischen 1982 und 1987.
Kleine bis winzige Änderungen mußten sich gefallen lassen: *Friedrichsgrund, Übung, Der Organist, Angedunkelte Romanze, Die Ausgießung, Die Entleerung, Stille, Inmitten ergebenem Grün, Die Einkehr, Webers Gartenhaus, Am frühen Morgen, Die Distel.* Weiterhin: *Die Zwillingsschlote, Das Schreckensbild, Das Auto, Siebenhundert Jahre Ehe, Der Wald, Die Dienstreisenden, Der Molch, Ausschau nach dem großen Specht, Die Erleuchtung, Der künstlerische und der rettende Engel.* Kleine Korrekturen in *Der Bach, Der Aufsteigende* und *Angedunkelte Romanze* gehen auf das damalige Manuskript zurück, das also nicht ganz in der ursprünglichen Fassung gedruckt worden ist. Alle anderen Gedichte folgen den Erstdrucken.

(S. 12): **Hase**: mit »Seife« und »Klopapierrolle« eines jener Gedichte, deren erste Entwürfe am weitesten zurückreichen (gewiß noch ablesbar, daß der zwanzigjährige Spätentwickler damals die Voß'schen Homerübertragungen las). Ebenfalls aus hexameternder Frühzeit stammt:

Fußball

Siehe, in schwärzlichen Socken, läuft einer mit mit dem Ball,
kennt alle Regeln, sein Pfiff macht, daß die Spieler wie wild
hin und her jagen, als ging es ihnen ans Leder, doch plötzlich
stehen sie starr, denn erneut gellte ein Pfiff, auf dem Rasen
liegt Nummer sieben und krümmt sich, weinend, der finster
Besockte,

der, was die Stunde schlägt, weiß, stampft mit dem Fuß auf, hinaus muß Nummer sieben, ein Tunnel schluckt sie, eh ihr der Reporter noch ein Wort nachruft, denn so ist ja, ein Tor fällt, das Leben.

(S. 29): **Karl Marx**: Hier mit aufgenommen, um nicht, wie üblich, damaliges Denken nachträglich verschwiegen zu haben. Obwohl das Gedicht auf *Demokratie* insistierte, genügte schon »Karl Marx«, es affirmativ erscheinen zu lassen. Ein weiterer Roter Korken sei kleingedruckt hier nachgetragen:

Roter Platz

Im Licht, das sich der Ehre bewußt ist,
auf diesem Platz des Alls tätig sein zu dürfen,
und glänzende Orden anlegte,
warten, als reichte ihre Geduld
für Jahrhunderte aus,
mehrere Völker und schreiten in doppelter Reihe geordnet
und stehn, als hätte sie plötzlich ein vielfacher Donner getroffen,
da sie nun endlich jenen erleuchteten Sarg erblicken,
den Lenin nach so vielen Jahren frühmorgens
verlassen hat, und sie eilen
in grober Unordnung hinweg und wimmeln in lichten Haufen
und reden untereinander mit ungeduldigen Zungen,
daß etwas wie ein Gesang sich in den Lüften festsetzt,
während der Schnee der Pappeln herantreibt und auch die Miliz
befällt, als sie, bekümmert
über die Disziplinlosigkeit gerade dieses Genossen,
ihre Maßnahmen trifft,
nicht ahnend, daß er unter den Leuten
umgeht, von keinem erkannt.

(S. 33): **Die Entleerung**: »Das kann ich auch ...«, vgl. Karl Mickels »Der See«. Auf Mickels »Odysseus in Ithaka« bezieht sich die **Heimkehr des Odysseus** (S. 45).

(S. 55): **Paßgänger**: Privilegierter, der ins *kapitalistische Ausland* durfte. »Lenin zwischen den Rabatten ...«: Steinmonument, im Volksmund auch *Roter Bahnhofsvorsteher* genannt. Zwecks Erinnerungstilgung längst von Dresden nach Sindelfingen verbracht.

(S. 57): **Zwillingsschlote**: »... des Jahrs Zweitausendfünfhundertfünfundvierzig / nach Nebukadnezar«: Nebukadnezar d. II. starb 562 v. Chr.: Dieser Osterspaziergang also nach 1980. – »... Gras«, vgl. Buch Daniel 4/30.

(S. 83): **Anrede**: Vgl. Goethe, »An den Mond«, u. Volker Braun, »Im Ilmthal«.

(S. 99): **Holz der Rede**: Tatsächlich war der Baum nach wurzelunterspülenden Regenfällen eines Tages vornübergesunken, konnte aber mit Hilfe der Nachbarn und eines LKW-Wagenhebers wieder emporgewuchtet und mit einem Pfahl abgestützt werden. Steht seither immer noch, wird aber wohl den *neuen Leuten* demnächst zum Opfer fallen.

Inhalt